LE JOURNAL D'UN ENFANT

Au temps de la Renaissance

raconté par Karine Safa
illustré par Michaël Welply
et Marcelino Truong

Lorenzo
Florence,
1469 1472

GALLIMARD JEUNESSE

Quand & Où ?

Des clés pour comprendre

L'histoire de Lorenzo se déroule entre 1469 et 1472, à une époque charnière de l'histoire de Florence, quand Laurent de Médicis accède au pouvoir. L'Italie est alors le pôle principal de la Renaissance.

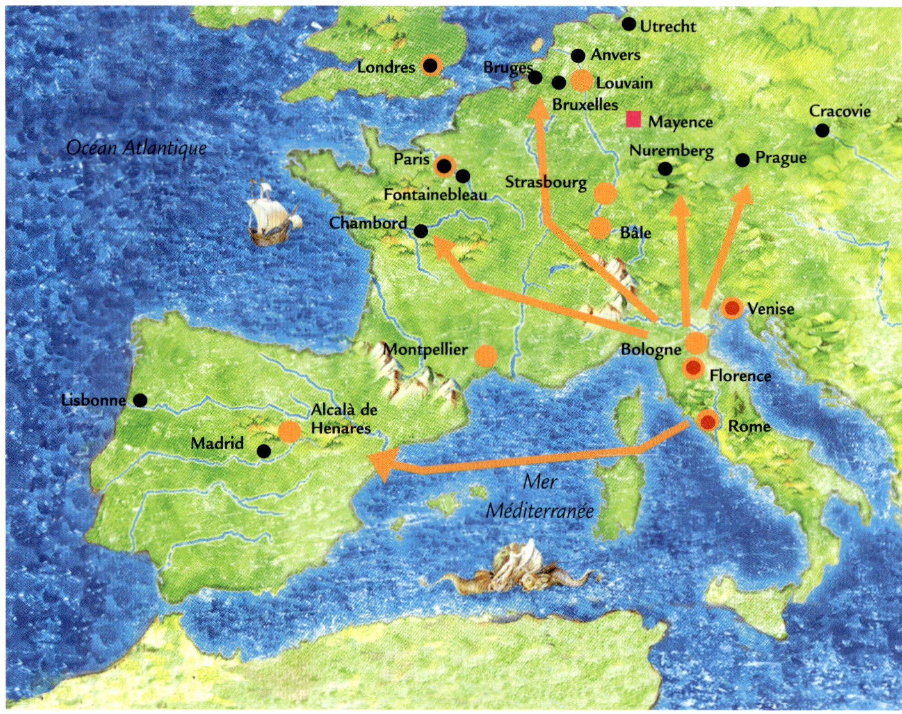

■ Mise au point de l'imprimerie

● Principaux foyers de l'humanisme

● Foyers de la Renaissance italienne

● Principaux foyers artistiques

➡ Diffusion de la Renaissance italienne

Un mouvement européen

La Renaissance prend naissance au XVe siècle (« quattrocento » italien) et se termine vers la fin du siècle suivant. C'est un moment exceptionnel de la civilisation qui renoue avec la culture antique. On assiste à une floraison et un renouveau non seulement artistique, mais aussi intellectuel. Né en Toscane, ce mouvement va s'étendre à toute l'Italie et aux pays environnants.

Une vision optimiste de l'homme

Alors qu'au Moyen Âge, l'homme tire sa valeur de son lien de soumission à Dieu, la Renaissance met l'accent sur la dignité de l'homme, libre et responsable. Par sa volonté créatrice, il agit sur le monde et le transforme. D'où son surnom de « second Dieu ». C'est la naissance de l'humanisme. L'esprit humaniste s'étendra à toute l'Europe, en s'adaptant à la culture de chaque pays.

Un savoir partagé

La Renaissance marque le début de la science et de la technique. En découvrant que la Terre n'est pas le centre du monde et qu'elle tourne autour du Soleil, Copernic ouvre la voie à la science moderne. En 1430, Gutenberg invente la presse moderne. Jusque-là, le savoir était détenu par les gens d'Église. Il se diffuse désormais à une échelle mondiale et s'étend à toutes les couches de la société. Par ailleurs, les progrès techniques (boussole, astrolabe, cartographie, caravelle) permettent à l'Europe d'aller à la conquête du monde.

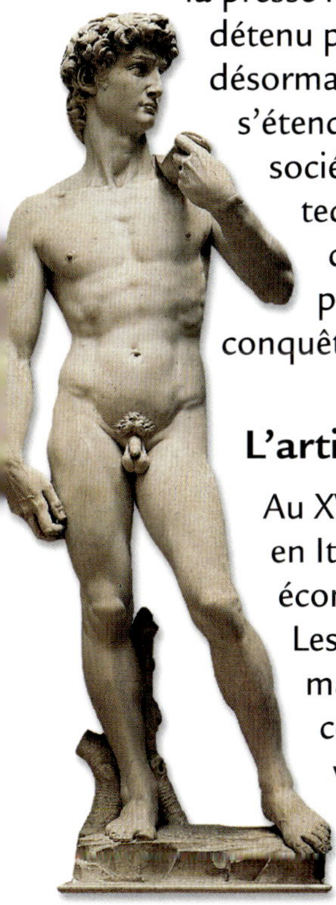

L'artiste au cœur de la cité

Au XVe siècle, le monde des affaires en Italie a un très grand poids économique.
Les grandes familles (banquiers, marchands...), qui ont beaucoup contribué à la prospérité des villes, songent à établir leur prestige. Elles passent donc commande aux artistes et développent des collections privées. Grâce à ce mécénat, l'art n'est plus seulement voué à la religion.
Dans le même temps, l'Église s'ouvre à l'humanisme. Elle permet alors aux plus grands artistes d'exprimer leur génie. Raphaël peint l'école d'Athènes, à la gloire de la civilisation païenne. D'autres prennent prétexte des figures bibliques pour faire triompher l'homme. Les Vierges ressemblent à des Vénus ; le David de Michel-Ange devient, quant à lui, l'exemple du bel éphèbe.

Laurent le Magnifique à Florence

Jean de Bicci crée la banque des Médicis en 1397 et fonde la puissance financière de la famille. Quant à son fils, Côme l'Ancien, il va à la conquête du pouvoir.
Petit-fils de Côme, Laurent le Magnifique accède au pouvoir en 1469 et va porter la gloire et la prospérité de Florence à leur apogée. En politique extérieure, Laurent cherche à soustraire Florence aux guerres intestines qui opposent les États italiens. Prince pacifique, épris d'art et d'humanisme, il cherche à assurer la paix et la neutralité de Florence.

Moyen Âge

XVe siècle «quattrocento» âge d'or de la Renaissance florentine

1450 : invention de l'imprimerie

1453 : prise de Constantinople par les Turcs. Les savants grecs affluent en Europe et sont reçus à la cour des Médicis. Fin de la guerre de Cent Ans entre la France et l'Anglerterre

1469 : Laurent de Médicis accède au pouvoir

1473 : *De revolutionibus* de Copernic

1487: rédaction du *Discours sur la dignité de l'homme*, de Pic de la Mirandole

1492 : Christophe Colomb débarque en Amérique

XVIe siècle «cinquecento» âge d'or de l'humanisme européen

1515-1525 Guerres d'Italie

1519 : le moine allemand Luther rompt avec Rome et le catholicisme. C'est le début de la réforme protestante

Je m'appelle Lorenzo

Florence, 11 janvier 1469

Aujourd'hui, c'est mon anniversaire. J'ai 11 ans. Tôt le matin, mon père est venu me voir, les mains cachées derrière le dos. Il avait mon cadeau. J'en rêvais depuis si longtemps ! Quand je l'ai déballé, les larmes me sont venues aux yeux. Il y avait là tout un nécessaire de copiste : une plume d'oie, de l'encre noire, une liasse de parchemins et même un petit lutrin. Père est copiste. Son présent était destiné à me faire plaisir malgré ses hésitations et sa crainte de me voir faire le même métier. Que de fois il m'a parlé de ses nuits de veille interminables, de son dos courbé, de sa vue qui s'obscurcit, de ses côtes brisées et de son maigre salaire. Il a pour moi d'autres ambitions. Pourtant j'aimerais tellement devenir copiste comme lui. Et si je tenais un journal, pour m'exercer ?

12 janvier 1469

« Lorenzo ». Je tremblais un peu en écrivant mon nom sur le magnifique vélin. J'avais tellement peur de me tromper ou de faire des taches. Comme j'aime le crissement de la plume sur le papier ! J'aime aussi l'odeur de la gomme arabique mêlée à l'encre. Père m'a parlé de mon avenir ce matin. Il veut que j'intègre un atelier d'artiste à Florence pour apprendre le dessin et la peinture. « Si tu as du talent, tu pourras apprendre un vrai métier d'avenir », m'a-t-il dit fermement. « Plus tard, un riche mécène te prendra peut-être sous son aile ! » J'avais envie de pleurer. Ma sœur aînée, Battista, m'a regardé en soupirant. On ne discute pas les décisions du *pater familias*.

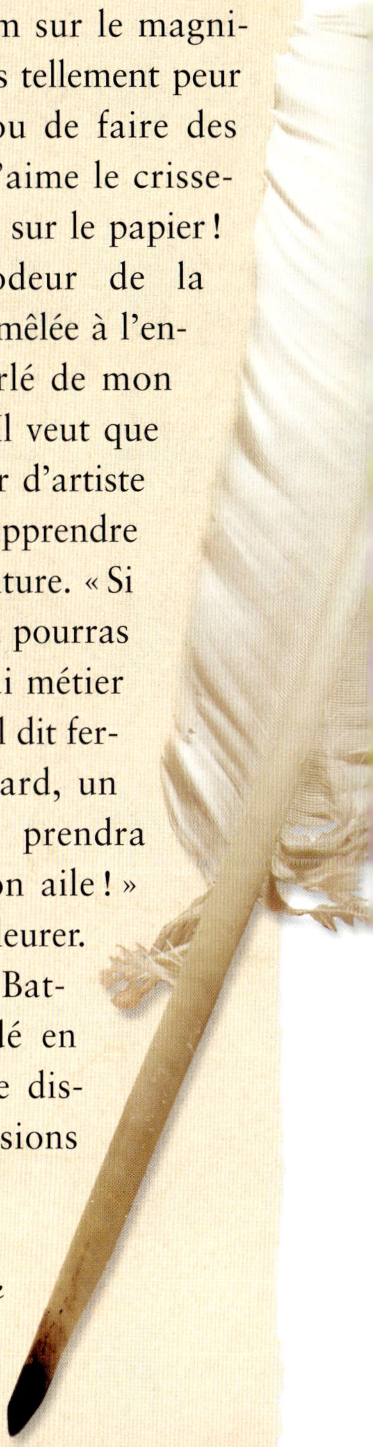

Plume d'oie

Je vais quitter mon école

14 janvier 1469

Père a reçu dix florins pour la copie qu'il a réalisée du Livre de Job. On a fêté la nouvelle dans une auberge du quartier. En arrivant, j'étais pourtant aussi gai qu'une mitaine. On a reparlé de mon avenir et Père a su me convaincre. Je ne savais pas que c'était la dot, laissée par maman, qui servait à payer mon école. Comme la dot est épuisée, Père n'a plus les moyens d'assurer mes études. Quelle tristesse de devoir quitter mes amis, nos jeux habituels, ma maison ! Mon meilleur copain, Luigi, va, de son côté, continuer l'école. Je l'envie ! Sa famille en a les moyens. Nos chemins vont se séparer ; à cette pensée, mon cœur se serre.

« Rassure-toi, fils, m'a dit mon père. À 11 ans tu as acquis les principales connaissances qu'un jeune homme doit avoir. À l'atelier tu pourras parfaire tout cela. Tu apprendras tellement de choses auprès de ton maître que cette nouvelle expérience sera pour toi comme une nouvelle école. »

La nuit

Je n'arrive pas à m'endormir. Je retourne dans ma tête ce que Père m'a dit. Battista considère que je suis niais de m'en faire. Elle trouve que j'ai beaucoup de chance. La pauvre, elle doit s'ennuyer à la maison. En tout cas, je suis bien content de ne pas être une fille.

Le lendemain matin

La nuit porte conseil. Mon père a toujours fait mille efforts pour mon éducation. Je dois le remercier d'avoir pris une telle décision. Et puis une chose est sûre : grâce à l'atelier, je pourrai surprendre Luigi avec mes nouvelles connaissances.

Une nouvelle éducation

Au Moyen Âge, les collèges formaient surtout des clercs. À la Renaissance, l'instruction ne sert plus seulement à transmettre un savoir. Elle doit former les esprits, enseigner la vertu et préparer à un métier.

Les pédagogues italiens, soucieux du développement de l'enfant, conseillent de donner **un précepteur** à l'enfant, au moins jusqu'à l'âge de dix ans.

Les filles de milieu modeste vont à l'école le temps d'apprendre à lire. Dans les classes supérieures, elles reçoivent **une éducation féminine traditionnelle** : travaux d'aiguille, lectures pieuses...

Les corporations

Les artisans d'une même profession se regroupent en corps de métier. Chaque corps a des règles qui protègent les professionnels et leur permettent d'être reconnus. La ville de Florence est contrôlée par la corporation des marchands.

Les corporations organisent **des processions** en l'honneur de leurs saints protecteurs.

Pour faire partie d'une corporation, il faut payer des cotisations élevées. Les artisans modestes, comme les grainetiers, n'en ont pas les moyens. Ils sont exclus.

soie

médecin

laine

charpentier

Les peintres font partie de **la corporation des médecins et apothicaires** car ils manipulent des produits communs : plantes, épices et couleurs.

Je découvre l'atelier

10 mars 1469

Aujourd'hui, j'ai fait mes adieux à mes camarades d'école. Je n'ai pas envie d'écrire ce soir.

25 mars 1469

Demain, dès l'aube, je quitterai la maison de mon enfance pour une nouvelle vie. Père a tout réglé avec mon nouveau maître. J'aurai une petite chambre rien qu'à moi, au premier étage de l'atelier. On me payera six florins par an. La Bottega se trouve sur les rives de l'Arno. J'ai hâte de la découvrir !

26 mars 1469

J'ai embrassé Battista et Père m'a donné une accolade. C'est bizarre mais j'avais hâte de partir. Mon maître d'école m'a dit que j'avais beaucoup de chance de travailler chez Pollaiolo. L'atelier n'est pas très loin de notre maison. J'ai pris la grande rue Santa Croce pour y arriver. L'atelier est immense et a de grandes fenêtres qui donnent sur le fleuve. La pièce empestait tellement la térébenthine que je me suis mis à tousser.

Pollaiolo n'était pas là. Un garçon du nom de Paolo est venu vers moi. Il m'a regardé d'un drôle d'air comme s'il me méprisait. Il m'a expliqué sèchement mon travail : « Tu vois ces seaux usagés, ces pinceaux sales, le sol maculé ? Tu devras tout nettoyer du matin jusqu'à la tombée de la nuit. Tiens, prends ce balai ! » D'autres apprentis m'ont entouré pour me souhaiter gentiment la bienvenue. Je ne sais trop que penser de ma première journée d'apprenti. J'ai le dos fourbu. J'espère surtout que je changerai très vite d'activité.

Ma première dissection

27 mars 1469

Mon maître Pollaiolo m'a reçu en me tapant sur l'épaule. Il est impressionnant dans son large pourpoint aux manches énormes. Il paraît gentil mais il a l'air toujours pressé. J'ai intérêt à ouvrir bien grand mes oreilles quand il donne ses instructions : il déteste répéter deux fois la même chose.

2 avril 1469

Quand je suis descendu de ma chambre, ce matin, pour préparer l'atelier, il y avait sur une planche de bois quelque chose d'allongé. Je me suis approché pour mieux voir. C'était un cadavre. Cette vue m'a glacé le sang. Et encore, ce n'est rien à côté de ce qui a suivi. Notre maître

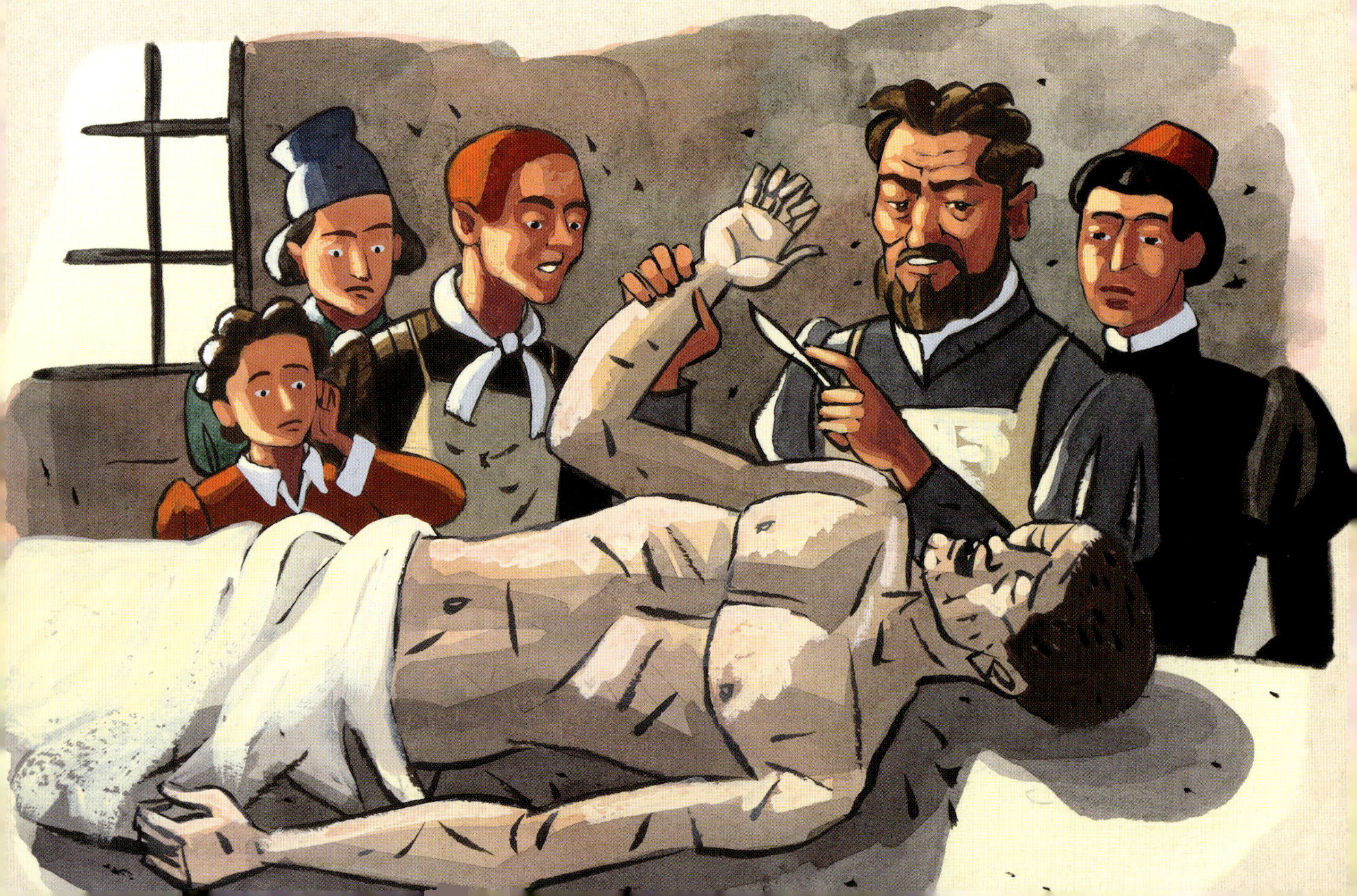

nous a tous rassemblés autour du corps : Approche toi, Lorenzo. C'est ta première dissection. Tu dois bien connaître le corps humain si tu veux savoir le peindre. » Il a pris une lame fine et a ouvert le corps du cou jusqu'au nombril. Une forte odeur de sang m'est montée à la gorge. Je me suis évanoui. En tombant sur le sol, je pouvais entendre les rires et les moqueries de mes camarades. Quelle horrible expérience !

Médaille sainte

Le soir

Père est venu me visiter dans ma modeste chambre. Je n'ai pas osé lui raconter ma première dissection. Il m'a appris qu'il allait abandonner son métier de copiste pour devenir imprimeur. D'après lui, la corporation des copistes vit ses derniers jours. Je ne pourrai donc jamais réaliser mon rêve ? Je me sens découragé. Comme ma mère me manque ! Je vais chercher la médaille sainte qu'elle m'a laissée. Il paraît qu'elle porte bonheur.

La maladie et la santé

À la Renaissance, les conditions du progrès médical sont mises en place. Pourtant, on utilise toujours de la lotion de vinaigre pour soigner la peste !

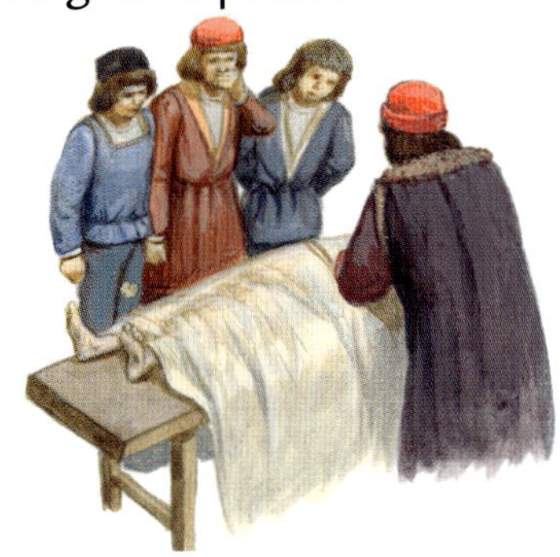

La dissection est une pratique condamnée et punie par l'Église. Le corps humain est sacré. Il est donc interdit de le toucher.

Les hôpitaux sont souvent d'anciennes léproseries. Ils servent surtout à héberger les pauvres et les infirmes plutôt qu'à soigner des malades.

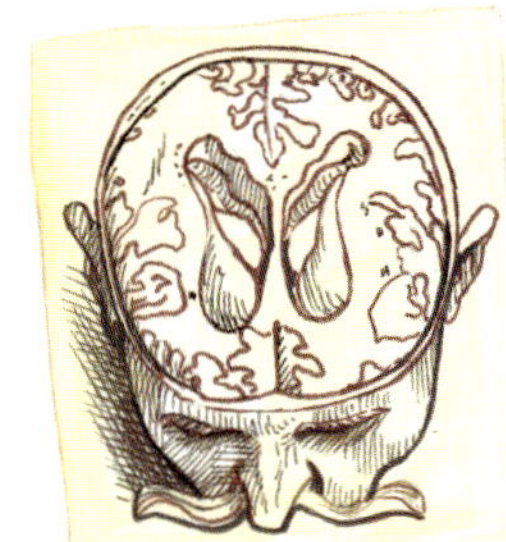

Grâce à **l'anatomie**, les pratiques médicales changent. La chirurgie fait alors des progrès importants.

Les supports

La peinture se pratique sur différents supports plus ou moins difficiles à maîtriser par l'artiste.

Les premiers tableaux à l'huile ont été peints sur des **panneaux de bois**. La surface est imprégnée de colle et d'enduit pour empêcher la dilatation de la matière.

L'usage des toiles se généralise à la Renaissance. Ce matériau offre l'avantage d'être moins cher et surtout plus maniable. **La toile** la plus couramment utilisée est le lin.

La fresque est une technique de la peinture murale. Un enduit à la chaux (*fresco*) recouvre généralement le mur pour que la peinture y adhère. Il est très difficile de modifier la peinture une fois que le travail est sec.

Je peins pour les Médicis !

2 juillet 1469

J'ai passé la première étape de mon parcours d'apprenti avec succès. Pollaiolo est venu me voir pour me féliciter. J'ai sauté de joie quand il m'a dit que je pourrais participer aux tableaux. Adieu seaux, torchons et balais !

21 juillet 1469

Ça y est, c'est le grand jour ! Je vais aider à réaliser Hercule et le dragon. C'est Laurent le Magnifique lui-même qui l'a commandé à mon maître. Il faut que j'écrive à Luigi pour lui annoncer la nouvelle. « Ton ami Lorenzo peint pour les princes de Médicis ! » J'aimerais voir sa tête quand il lira ma lettre.

22 juillet 1469

Aujourd'hui, mon maître nous a rappelé les deux vertus qui font un artiste véritable : la patience et l'humilité. C'est moi qu'il regardait en parlant. Je me demande bien pourquoi. Il nous a donné ensuite une leçon de perspective. Je ne suis pas sûr d'avoir tout compris. Gustavo m'expliquera, il est tellement fort. J'ai dessiné la queue de l'horrible dragon et ses yeux exorbités. Un compagnon est venu corriger après moi et puis un autre encore. Paolo a regardé mon travail d'un air mauvais. Q'est-ce qu'il peut bien me vouloir ? Décidément, je ne l'aime pas avec son air arrogant !

Fabriquer les couleurs

Pour faire de la peinture, il faut broyer des pigments d'origine minérale, végétale ou animale. La découverte de la peinture à l'huile provoque une véritable révolution technique et artistique.

Pour **la peinture à la détrempe**, les peintres mélangeaient des pigments organiques qu'ils liaient avec du jaune d'œuf. La pâte obtenue avait l'inconvénient de sécher rapidement et d'interdire les retouches.

Le peintre flamand Van Eyck invente une nouvelle technique : les pigments sont désormais liés avec de l'huile de lin et mélangés à de l'essence de térébenthine. **La peinture à l'huile** permet de superposer de fines couches transparentes de couleur. Elle résiste aussi beaucoup mieux à l'usure du temps.

Luca, mon nouvel ami

28 août 1469

C'est drôle. Je voulais écrire à Luigi pour lui décrire ma nouvelle vie et c'est lui qui m'envoie une lettre. Il étudie la théologie et la philosophie pour devenir clerc. Je n'ai pas l'impression qu'il s'intéresse à ce que je fais. Nos chemins se séparent de plus en plus. C'est triste. Je croyais qu'un ami c'était pour la vie.

29 août 1469

Les compagnons de Pollaiolo parlent souvent de l'atelier de Verrocchio. C'est le plus important de Florence avec celui de mon maître. Il paraît que Verrocchio peint comme un dieu. Ce soir, après les vêpres, on va rencontrer les apprentis de son atelier. Je suis mort d'impatience.

La nuit

On s'est retrouvés à la taverne de « La licorne d'argent ». J'ai bu du vin chaud et dégusté saucissons et andouilles. Pourtant l'ambiance était mauvaise. Il y a beaucoup de jalousie entre les apprentis des deux ateliers. Ils n'arrêtaient pas de se vanter. Un certain Piero s'est moqué de notre « vendeur de volailles ». Je ne savais pas que le nom de mon maître avait cette signification. Il paraît que sa famille a exercé longtemps ce métier.

Seul un apprenti est resté silencieux. Nous sommes rentrés ensemble. Il s'appelle Luca. Comme moi, il a perdu sa mère alors qu'il n'avait pas dix ans. Il adore son métier et attend le jour où il volera de ses propres ailes. C'est bizarre, mais j'ai l'impression que lui est en train de réaliser vraiment son rêve. Alors que moi…

Qu'importe. Je suis heureux ce soir. Je me suis fait un nouvel ami.

Les plaisirs de la table

Il est moins important à la Renaissance de se nourrir que de cultiver les arts de la table.

Les couverts s'individualisent et les assiettes « modernes » font leur apparition. **La fourchette** apparaît peu à peu mais le couteau reste l'instrument roi.

Les collines de Florence sont recouvertes de **vignes** qui contribuent à la prospérité de la région depuis le XIVe siècle.

La consommation de viande diminue. **De nouveaux aliments** apparaissent : les artichauts arrivent du Moyen-Orient; la tomate, la pomme de terre et le maïs arrivent des Amériques, d'où les Espagnols rapporteront aussi le tabac et le chocolat, cette « boisson des dieux ».

Prenez la nature comme modèle !

10 septembre 1469

La journée a commencé sous une chaleur torride. Notre maître nous a tous rassemblés dans les jardins de la Bottega. On s'est assis sur la verdure sous une vigne pleine de grappes. Pollaiolo voulait nous parler de la beauté idéale. Il était très inspiré ce matin. « Flânez sur les hauteurs boisées de Fiesole, humez les pins et les cyprès des collines du Val d'Arno, cherchez la vie secrète des choses. Soyez à l'école de la nature et prenez-la en modèle. Elle vous apprendra mille mystères ! » J'ai écouté mon maître attentivement. Le murmure de l'eau, la fraîcheur de la vigne, la douceur du vent qui caressait ma tête, tout cela m'a laissé rêveur. Je me demande quels sont ces mystères qui se trouvent derrière les choses ? Sont-ils effrayants à découvrir ? Comment faire pour les voir, pour les comprendre ? Je dois te quitter mon cher carnet. C'est la leçon qui reprend.

Le soir

On s'est bien amusés cet après-midi. Pollaiolo nous a enseigné l'art des proportions qui permet de réaliser la beauté parfaite. Il a ensuite voulu s'assurer que nous l'avions bien compris.

Feuille de vigne

« Donnez-moi l'exemple d'un beau corps ou d'un beau visage. » Les apprentis se sont mis à crier à tue-tête des prénoms de jeunes filles. « Julia, c'est Julia. Lucia, Cecilia... » Moi j'ai pensé que le plus beau visage de femme était celui de ma mère. Je me souviens de son regard si doux et de ses longs cheveux dorés. Je n'ai pas osé le dire. Bien m'en a pris car Pollaiolo a fini par s'énerver.

La beauté idéale

L'art célèbre la beauté idéale, héritée des Anciens, et se nourrit de la culture païenne.

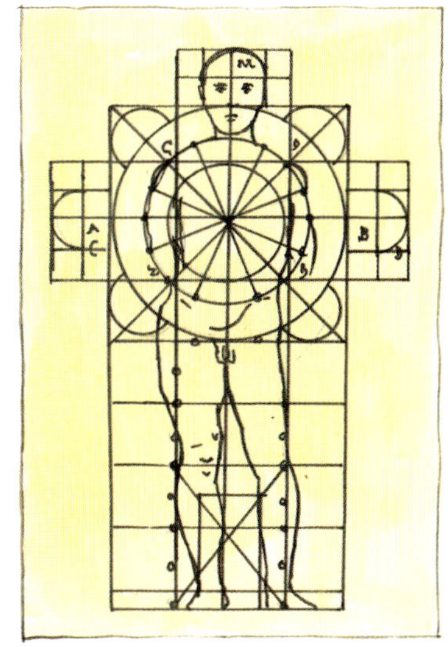

La beauté est calculée à partir du **nombre d'or**, une formule magique qui correspond à une proportion parfaite.

La Renaissance cherche à réconcilier culture païenne et valeurs chrétiennes. Les artistes puisent abondamment dans **les figures mythologiques**. Elles sont des images de l'héroïsme et de la grandeur de l'homme. Leur beauté contribue à mener vers Dieu.

Jeux de cour et jeux populaires

Le jeu de paume est un jeu de raquette pratiqué par toutes les classes sociales. La raquette est souvent faite de chanvre ou de parchemin tendu. Les rois ont dû faire paraître des édits pour interdire ce jeu trop prenant, mais en vain.

Le jeu très populaire des **« civettine »** consiste à donner des gifles et à les esquiver !

Le tarot est un instrument de la culture humaniste. Le dessin des cartes reprend des thèmes de l'époque comme le Diable, le Fou, la Roue de la Fortune ou encore le Pendu.

Je me suis battu comme un lion

20 novembre 1469

Quelle affreuse journée aujourd'hui ! C'était notre jour de repos. On s'est retrouvés dans le jardin de Boboli pour disputer une partie de jeu de paume contre les apprentis de l'atelier de Verrocchio. Ils sont arrivés en retard. On aurait pu réciter dix *Pater noster* en les attendant ! L'arrogance se lisait sur leur visage. Ils semblaient sûrs de gagner. Comble de malchance, Luca n'était pas là. Les équipes ont été constituées (Luciano contre Piero) et les battoirs distribués. J'ai tendu la corde à franges entre deux pins… Ah, on m'appelle !

Quelques instants plus tard

Ce n'est rien. C'était Luciano justement qui voulait savoir si j'avais soufflé toutes les chandelles de l'atelier. J'ai donc tendu la corde. Les paris ont été lancés. Trois florins seront cédés aux gagnants. Pardieu, quelle somme ! Piero et Luciano se sont renvoyé la balle. Les points défilaient : 15-30/15-45... On criait de tout notre cœur pour encourager Luciano. C'est alors que Piero a frappé si fort dans la balle qu'elle a traversé la corde à tout vitesse. J'ai vu qu'elle était passée en dessous. Mais pour Piero et les siens, elle était passée au-dessus. ça s'est terminé par une bataille générale. J'ai failli y laisser une oreille. Piero nous a insultés en nous traitant de crapaudaille. « C'est toi le frère de Battista ? » m'a-t-il demandé avec insolence. Quoi, cette grosse brute connaît ma sœur ? Je lui en parlerai. Luca a bien fait de ne pas venir. J'espère qu'il n'est pas malade.

Florins

J'ai vu le Magnifique

14 mars 1470

Mon journal m'a manqué. Trop de travail à l'atelier ou chez moi. Quand Père a vu mes progrès en calligraphie, il m'a demandé de l'aider. Et puis je suis d'humeur maussade. Battista m'énerve. Elle est l'amie de Piero, cet abruti. Comment peut-elle le supporter ? Elle doit être amoureuse. C'est affreux !

16 mars 1470, veille de Pâques

Je n'en reviens pas de ce qui m'est arrivé ce midi. Je me trouvais par hasard sur la piazza Santa Croce. Soudain j'ai vu surgir, sur un cheval blanc, Laurent le Magnifique en personne. Quel éblouissement !

Je me suis retrouvé prisonnier au milieu du défilé de carnaval. Des femmes déguisées en bacchantes m'ont bousculé. Et tous ces masques grimaçants...

J'étais mort de peur ! Un immense

char a même failli m'écraser. Puis la foule scandait des chants étranges : « Cueille la rose, ô Nymphe, maintenant qu'il est temps », « Vive Bacchus et vive Amour ! Qu'on chante et danse tour à tour !... » J'ai fini par m'enfuir en me bouchant les oreilles.

De retour à la maison, j'ai tout raconté à Père. Il m'a répondu qu'on vivait une drôle d'époque. Pour lui, les traditions ne sont plus ce qu'elles étaient. Les fêtes religieuses sont devenues des parties de plaisir et de dépravation. Les Florentins aiment trop faire la fête. J'ai appris que nous avions une centaine de festivités tous les ans. Ce qui veut dire que près d'un quart de l'année, personne ne travaille ! Nous sommes de drôles de fainéants. Dans l'atelier, c'est différent. Nous travaillons pendant les jours de fête. À condition qu'une part de nos gains aille à des œuvres de charité. Ça fait bien grogner Pollaiolo d'ailleurs.

Le parfait courtisan

Une vie artistique très riche se développe au sein des cours princières. Le parfait courtisan, qui incarne l'homme idéal, sait chanter, écrire et peindre.

La musique a un rôle important. **Le luth** est un instrument très répandu dont la résonance convient bien à l'ambiance feutrée des salons aristocratiques.

Les salons littéraires se multipient.

Les danses de cour les plus courantes sont la « bassa danza », très enjouée, la pavane, plus solennelle, et l'allemande.

Un palais de rêve !

Le 11 mai 1470

Dimanche dernier, comme tous les dimanches, j'étais en famille. J'ai invité Luigi à déjeuner. Il n'est pas venu. La nuit, j'ai surpris Battista sortant de la maison sur la pointe des pieds. Elle est complètement folle. Si Père la surprenait, il deviendrait fou de rage.

20 mai 1470

Luca est mon seul vrai ami ! Il m'a proposé de l'accompagner demain au palais des Médicis. Son atelier travaille sur une fresque géante, une allégorie du printemps, je crois. Pour rien au monde je ne raterais cette expérience. Il faut bien garder le secret. Mais comment quitter la Bottega sans qu'on ne me voie ?

21 mai 1470

C'était comme dans un rêve ! Les jardins du palais sont à l'image du Paradis. Les fontaines de marbre qui coulent, les oiseaux qui chantent, le parfum des lys... Il y avait des dames tellement belles sous leurs voiles ! L'une avait des rangs de perles tressés dans sa chevelure, une autre des guirlandes de fleurs. « Pince-moi, Luca, pince-moi ! » Mon ami a attrapé une crise de fou rire. Ce qui a attiré sur nous l'attention de deux hommes en longues chamarres*. Il paraît que ce sont des

philosophes très connus que Laurent de Médicis protège.

Luca m'a pris par la main vers la chapelle. « On m'attend, Lorenzo. Viens ! Tu te fais tout petit surtout. Je compte sur toi. »

En entrant dans la chapelle, je suis resté muet de surprise. Je n'avais rien vu d'aussi majestueux de ma vie. Les anges du ciel semblaient venir à moi !

Chamarre : vêtement chargé de galon et d'ornements.

La mode

Le costume est un symbole de différence sociale. La grande nouveauté est l'usage fréquent du linge de dessous.

À la ville et dans les cours, le vêtement **des gens bien nés** est incommode. Il est très près du corps, pour l'homme, avec des emmanchures amples. Le costume féminin, lui, est muni de corsets et de volants encombrants.

Extravagantes puis simples, **les coiffes** témoignent d'une évolution rapide de la mode à cette époque.

Je redouble d'ardeur

2 juin 1470

Je déteste ce garçon, je le déteste ! Luciano avait raison quand il m'a conseillé de m'en méfier. Ce fieffé menteur est allé raconter à mon maître que je suis un paresseux et un traînard. Il a prétendu que j'avais brûlé la préparation de peinture à l'huile alors que je n'y avais même pas touché ! Il a dit aussi que j'avais quitté l'atelier sur la pointe des pieds pour aller traîner avec les mauvais garçons. C'est vrai que je suis sorti mais c'était pour admirer la fresque de Luca ! Pollaiolo n'a rien voulu entendre. Il m'a grondé très fort. « Beaucoup d'apprentis veulent intégrer mon atelier mais il n'y a plus de place. Si tu veux garder la tienne, Lorenzo, montre-moi de quoi tu es capable ! » C'est la première fois que je réalise qu'on pourrait me remplacer. Quel désastre ! Vite, vite, se remettre à la peinture du dragon. Je n'ai pas réussi à trouver la teinte exacte de la bête. Pollaiolo me donne une deuxième chance. Mais quelle est cette couleur : du gris, du vert, de la terre ?

10 juin 1470

Un homme vêtu comme un mage d'Orient est venu à l'atelier ce matin. Il s'est entretenu avec mon maître. On a tous arrêté notre travail pour écouter les bribes de leur conversation. L'homme voudrait que Pollaiolo fasse un portrait de sa femme. Comme c'est une grande dame (c'est ce qu'il a dit), elle ne pourra se déplacer. Il faudrait que mon maître se rende à son palais. Puis il a sorti une bourse pleine de ducats d'or ! Les deux hommes se sont serré la main.

Les foires

Depuis le Moyen Âge, les foires sont un lieu de rencontre pour des marchands venant des quatre coins d'Europe.

Assis sur un banc avec ses balances et ses livres de comptes, **le changeur** convertit les monnaies étrangères. Avec le temps, les marchands se munissent de lettres de change (l'ancêtre du chèque) au lieu d'espèces. Le changeur devient alors un véritable banquier.

On trouve sur les étalages **étoffes précieuses** ou produits exotiques.

La plus célèbre des foires est **la foire du Lendit** (en Champagne), spécialisée dans le commerce du parchemin.

Un drôle de personnage

30 juin 1470

Le temps d'écrire me manque. Je travaille dur. Aujourd'hui, c'est jour de repos. Luca et moi allons visiter la foire de Florence. J'ai hâte de la découvrir. J'ai un florin à dépenser. Que pourrais-je bien acheter ?

Le soir

Je n'ai pas été déçu. Que de couleurs, que d'odeurs, que de langues variées ! J'avais l'impression de faire un voyage autour du monde. L'eau nous est venue à la bouche en voyant les étalages de cochons fumants et de civets.

Un homme d'allure bizarre s'est approché de nous. On aurait dit un astrologue. Je ne me suis pas trompé. Il portait un turban bigarré et une chamarre tissée de fils d'argent. Il s'est mis à proférer des sons étranges, une sorte de formule magique. Luca m'a tiré par la manche mais je suis

resté par curiosité. Il s'est mis à parler des folies de notre temps. Les savants et les humanistes cherchent le bonheur de l'homme ? Ils finiront par le détruire. Il m'a dit d'une voix lugubre : « Regardez, l'homme veut construire de nouvelles tours de Babel. Vous savez comment ont fini ces hommes-là dans le récit biblique ? » J'ai secoué la tête en signe d'ignorance. Puis, il a voulu me lire l'avenir. Je voyais Luca un peu plus loin qui me disait de le rejoindre. J'ai tendu mon florin à l'astrologue. Il m'a chuchoté des paroles à l'oreille. J'ai fait un grand sourire. Luca voulait tout savoir mais j'ai refusé.

« Plus tard, Luca, plus tard, si la prédiction se réalise ! »

Le lendemain

Mauvaise nouvelle : Battista et Piero vont se marier l'an prochain !

« L'homme est un grand miracle »

25 septembre 1470

Père a échangé sans regrets le parchemin contre le papier. Il est très heureux dans son nouveau métier d'imprimeur. C'est beaucoup moins fatigant qu'être copiste et les livres que les ouvriers réalisent sont d'une rare beauté. Il m'a promis de me faire visiter son atelier bientôt.

26 septembre 1470

Père me demande ce matin d'aller chez son ami Beneditto, le bibliothécaire de l'université. Il veut emprunter un recueil de farces françaises. « Tu me rapportes ce livre à toute vitesse. Je t'interdis de le lire en chemin. J'en ai un besoin urgent. » Pourquoi Père veut-il m'en interdire la lecture ? C'est que j'aime lire moi ! Je dois m'en aller... à plus tard.

Dans la nuit

J'ai bien vu Beneditto. Avant de me remettre le livre, il m'a confié qu'on vivait une époque de grands bouleversements. « Fils, m'a-t-il dit, l'humanisme est une grande chose. » J'ai écarquillé les yeux sans trop comprendre. « Aujourd'hui, il n'y a plus ni riches, ni pauvres, ni princes, ni paysans ; hommes et femmes sont semblables. Les hommes sont tous frères, tu comprends ? » Il a encore dit que l'homme est un grand miracle et que les philosophes ont bien raison de le comparer à un caméléon. Le lézard change de couleur au soleil et l'homme peut vivre plusieurs vies en une seule.

Je suis rentré à la maison par une porte dérobée pour pouvoir lire le livre. Père vient tout juste de me surprendre. Il m'a grondé très fort en m'accusant de bégauder*. Pourtant j'ai 12 ans déjà. Je suis une grande personne, non ?

Bégauder : s'amuser sottement

Une société qui bouge

Les frontières entre classes sociales s'assouplissent à la Renaissance et certains cas d'ascension sociale sont spectaculaires : les Médicis, simples banquiers, deviennent grands-ducs de Toscane, Léonard de Vinci et Michel-Ange, de naissance plutôt modeste, ont un destin exceptionnel. Toutefois, les modes de vie restent très hiérarchisés.

Composée d'une foule d'artisans, de boutiquiers ou de fonctionnaires, **la classe moyenne** s'accroît beaucoup à la Renaissance.

Le mode de vie de **la bourgeoisie marchande** se rapproche beaucoup de celui de **la noblesse**.
Les demeures urbaines sont équipées d'un mobilier distinctif : dressoirs pour l'orfèvrerie, buffets, tapisseries et tableaux. Les premières toilettes privées font leur apparition.

Battista se marie

8 juin 1471

Plusieurs mois sans écrire ! J'avais perdu mon journal. Je l'ai retrouvé hier sous mon matelas. Ça sent le Paolo à plein nez !

C'est le mariage de Battista aujourd'hui. Des dentellières de Bruges lui ont confectionné sa robe. Père est tout ému. Il porte pour l'occasion un chapeau à pointe, très à la mode, et une lourde chaîne d'or. J'espère que Battista sera heureuse. Ça me fait bizarre qu'elle nous quitte à quatorze ans et demi. La seule chose qui m'ennuie, c'est que son coffret de mariage contient des souvenirs de maman que j'aurais bien voulu garder !

9 juin 1471

J'ai beaucoup ri quand le prêtre a rappelé dans son sermon les mauvaises raisons de se marier. Il a dit que c'était l'appât du gain et la beauté du conjoint. Tous les invités se sont retournés vers Piero comme pour bien vérifier sa laideur. Je suis méchant d'écrire cela. Il est devenu mon beau-frère après tout.

Sinon, on s'est amusés comme des

Dentelles de Bruges

fous. Les invités ont dansé le branle en se mettant tous en rond. J'en avais les membres tout meurtris à force de branler un pied sur l'autre. Battista a déballé ses cadeaux de mariage devant les invités qui s'extasiaient. On lui a offert beaucoup de victuailles : des chapons, des poulets et des oies, des fruits secs et des dizaines de bouteilles de vin.

Après un repas copieux et arrosé, Piero a entonné un chant.

Baise m'encore, rebaise moy
et baise
Donne-m'en un de tes plus
savoureux
Donne-m'en un de tes plus
amoureux
Je t'en rendrai quatre
plus chauds que braise

Les invités ont repris tous en chœur. Le curé a froncé les sourcils, mais j'ai bien vu qu'il était content…

Mère et épouse

La condition féminine n'évolue pas beaucoup et l'on considère encore que la meilleure qualité d'une femme, c'est l'obéissance.

Les femmes de la Renaissance doivent être **mères** avant tout. À l'accouchement, elles sont fêtées comme une mariée le jour de ses noces.

L'épouse est soumise à son mari mais elle peut disposer de la dot qu'elle a reçue pour son mariage. Celle-ci contient, entre autres choses, des robes d'intérieur, des quenouilles et fuseaux, des rubans, des peignes ou encore des poupées !

Christine de Pisan est le modèle de la femme humaniste qui écrit des lettres, des poèmes ou des traités. Elle revendique la même éducation que les hommes.

Mon premier voyage

Premier août 1471

Je n'ai jamais été aussi excité de ma vie. Demain, je ferai mon premier voyage. Mon maître a du travail à Rome. Les apprentis seront tous du voyage. Cela fait partie de notre formation.

2 août 1471

Je profite du déjeuner pour sortir mon carnet. Le plus pénible pour moi a été de trouver l'équilibre sur ma monture. Elle se tortille dans tous les sens, désobéit sans cesse, s'arrête brusquement. Un vrai mulet ! à ce rythme, je me demande quand nous serons arrivés à Rome !

3 août 1471

Sur notre route, nous avons visité l'église San Lorenzo. Elle porte mon nom, j'en suis très fier. La famille des Médicis repose ici de père en fils. Pollaiolo tenait à cette étape car cette église est, pour lui, un modèle d'harmonie. Il paraît qu'elle a été construite par un grand architecte bien de chez nous : Bru-ne-lle-schi. Paolo est monté sur une chaire sculptée par Donatello. Quand Pollaiolo a eu le

dos tourné, il nous a fait un discours grotesque. Il se croit malin. Notre maître l'a sermonné vertement. C'est bien fait.

4 août 1471

Nous sommes dans les environs de Florence. C'est déjà la campagne. Les vignobles s'étendent à perte de vue. Une fois arrivés sur la colline de San Pomino, ma mule m'a jeté brutalement à terre. Elle m'a déchargé comme un fardeau ! Tout le monde a ri. Même Pollaiolo. La honte ! « Lorenzo, tu vas devoir changer de monture. Celle-ci n'a aucune sympathie pour toi ! » Malepeste du sot que je suis.

Des villes prospères

Au XVe siècle, l'Italie est l'un des pays les plus riches de la Péninsule. Les villes se développent considérablement.

Florence, avec ses 60 000 habitants, Milan, Rome ou Venise sont parmi les plus importantes des villes italiennes.

Les grandes villes forment **des cités-États** au pouvoir autonome et souvent rivales.

De grandes familles protègent et dirigent les villes : **les Médicis** à Florence, les Sforza à Milan, les Visconti à Venise.

Laurent de Médicis

Julien de Médicis

Côme de Médicis

À Rome !

5 septembre 1471

Nous sommes enfin à Rome après un mois de voyage !

8 septembre 1471

Pollaiolo nous a servi de guide. La ville est un immense musée ! On a vu la colline du Capitole*, le Panthéon*, la Via Appia*… Il y a partout des colonnes et des statues anciennes recouvertes par les lauriers. Pollaiolo était dans tous ses états en découvrant que les ruines des monuments anciens servaient à construire de nouveaux édifices.

9 septembre 1471

Demain, notre maître est reçu par le pape.

10 septembre 1471

Avant de nous quitter, Pollaiolo nous a recommandé de dessiner le Panthéon. Personne n'en avait vraiment envie.

Quand il est parti, nous sommes allés jouer au Capitole. Luciano a alors buté sur quelque chose. Un morceau de fer ou une pierre. En regardant de plus près, on a vu qu'une sorte de museau de bronze sortait de terre. Nous avons gratté le sol de toutes nos forces. Luciano a déterré une louve en bronze aux mamelles bien remplies. Pour Gustavo, c'est la louve qui avait nourri Remus et Romulus, les fondateurs de Rome ! Il sait tellement de choses. J'ai remarqué, à ce moment, qu'un inconnu se rapprochait de nous. À la vitesse de l'éclair, il nous a arraché l'objet et s'est sauvé à toutes jambes. J'ai essayé de le rattraper mais il a filé comme un lièvre. Et si c'était un objet précieux ? Quelle malchance !

11 septembre 1471

Notre maître est satisfait. Paul II lui a commandé des bustes et des panneaux. Nous allons pouvoir rentrer.

Capitole, Via Appia, Panthéon : monuments de l'Antiquité romaine

Le mécénat des papes

Férus d'humanisme, les papes de la Renaissance font appel aux plus grands artistes de leur temps à qui ils font des commandes monumentales.

Surnommé le pape-soldat du fait de ses campagnes militaires, **Jules II** est aussi un pape-bâtisseur. Il fait de Rome une cité grandiose.

Jules II commande à Bramante la construction de **la basilique Saint-Pierre,** symbole de puissance et d'unité. Avec la place circulaire, les palais et les jardins qui l'entourent, c'est le plus grand édifice religieux du monde.

En 1508, Michel-Ange est chargé de réaliser les fresques du plafond de **la chapelle Sixtine** : 1 000 m^2 de fresques !

« La pace sia con voi »

13 novembre 1471

Depuis mon retour de Rome, Père me promettait de m'emmener à l'imprimerie. C'est chose faite. Quelle ruche impressionnante ! J'ai vu la presse à imprimer. On dirait un monstre féroce qui se nourrit de papier ! J'ai adoré les poinçons et les moules qui servent à fabriquer les caractères. On les appelle les dents noires !

24 décembre 1471

Nous avons assisté à la messe de Noël. Le prêtre a fait un sermon très dur. Il a dit que les gens sont de plus en plus superstitieux. La religion devient un spectacle sans ferveur. Il a terminé avec la phrase rituelle : *« La pace sia con voi. »*

La nuit

C'était magique. Notre cheminée était allumée pour accueillir la bûche traditionnelle. Père est entré dans le

Les dents noires

salon en portant le grand morceau de bois. Quand il s'est embrasé, nous avons entamé un chant de Noël.

Au petit matin

J'ai du mal à m'endormir. La dinde était trop lourde... Je pense au miracle que mon père m'a raconté hier : celui des reliques de la Sainte Croix. Maman était témoin de la scène. On avait amené un pestiféré mourant sur la Piazza della signoria, face aux reliques de la croix du Christ. On l'a forcé à les embrasser. Il ne voulait pas et se débattait comme un diable. C'est alors que le miracle s'est produit. Comme par enchantement, les pustules purulentes ont disparu de son corps ! Ses membres déformés et saignants sont redevenus sains. La foule qui l'entourait s'est mise à genoux en faisant le signe de croix.

« Tu crois à cette histoire, papa ?

– Je ne sais pas, Lorenzo, je ne sais pas. Mais j'ai beaucoup de respect pour ta mère et pour sa dévotion. Elle doit être un exemple pour nous. De nos jours, l'homme ne croit plus qu'en lui-même ! »

La religion

La religion imprègne et structure profondément la société, mais on assiste à un affaiblissement de la foi.

En 1453, les troupes turques du **sultan Mehmet II** s'emparent de Constantinople, le symbole de l'Empire chrétien d'Orient. Le monde occidental est en émoi. La Renaissance est toutefois curieuse des autres religions et le Coran sera traduit en latin.

En réaction aux fastes de la vie florentine, le moine dominicain **Savonarole** prône le retour à une vie ascétique. Il fait dresser des bûchers de vanités où s'entassent perruques, parfums, miroirs et luths. Jugé par un tribunal d'Inquisition, il périra lui-même sur le bûcher en 1498.

Des craintes vivaces

La Renaissance est pleine de contradictions. L'homme est glorifié dans sa liberté et sa raison mais il n'est pas complètement délivré de ses anciennes superstitions.

Au XVe siècle, les procès en sorcellerie se multiplient. **La sorcière** est jugée responsable de tous les maux : épidémies, sécheresse, décès. Sous la torture, elle avoue des crimes qu'elle n'a pas commis.

Les créatures « contre-nature » sont comme un avertissement du ciel. On leur donne aussi mille significations fantaisistes. Un enfant velu ou déformé, par exemple, est le fruit d'une imagination trop forte au moment de la conception.

On utilise **des amulettes** : on croit que la corde d'un pendu protège des maux de tête ou que la stérilité se soigne par une infusion de fourmis volantes.

Panique sur la ville

25 décembre 1471

J'ai passé le Noël le plus bizarre de toute ma vie. Tout a commencé quand notre voisine Simonetta est sortie de chez elle en hurlant.

« Qu'y a-t-il, Simonetta ?

– C'est elle, c'est cette sorcière !

– De qui parles-tu, que t'a-t-on fait ?

– Elle est passée devant ma fenêtre quand mon lait a tourné ! C'est une sorcière je vous dis ! »

La personne dont elle parlait était une pauvre jeune femme en guenilles, toute sale et tremblante, blottie près d'un puits. Elle était si belle que j'avais envie de pleurer. Mais comme ceux qui l'entouraient, je n'étais pas très rassuré.

J'entendais les commentaires des gens : « C'est un avertissement de Dieu. La ville de Florence est la reine des débauchées. Ô Mère de tous les hommes,

venez-nous en aide ! » On commençait à brûler de l'encens, à faire tourner des amulettes, à murmurer des prières.

Père est allé prévenir le curé. Il est arrivé en courant, gêné par sa soutane. Son premier geste a été de relever la jeune femme pour la protéger des pierres. J'en serais tombé amoureux si... elle n'était pas une sorcière. Enfin, je n'en étais pas très sûr.

Le curé a dispersé la foule : « Comment un siècle comme le nôtre peut-il croire en de telles balivernes ? Rentrez chez vous et recommandez votre âme au ciel ! » J'étais tellement heureux de la voir sauvée.

Les grandes découvertes

L'humanisme cherche la vérité des choses et des êtres. Cette approche favorise le développement de la science et des techniques.

Nicolas Copernic est le premier à penser que la Terre n'est pas le centre du monde, mais plutôt le Soleil. L'univers, de fini, devient infini. L'homme perd sa place dominante dans le monde.

Les connaissances géographiques s'améliorent. On utilise **l'astrolabe** et **la boussole** pour se repérer. Les caravelles sillonnent de nouvelles mers.

Grâce aux livres, le savoir se diffuse à une vitesse impressionnante et s'étend à toutes les couches de la société. **L'imprimerie** sera surnommée l'« amie des pauvres ».

Je vais quitter l'atelier

13 février 1472

Je savais que ça arriverait un jour. Un pressentiment ! Pollaiolo ne veut plus de moi dans son atelier. Je ne suis pas superstitieux mais le mauvais œil de Paolo a dû sûrement jouer. Ça s'est passé ce matin. J'étais en train de retoucher le portrait de Galéas-Marie Sforza. Le manche de mon pinceau était très long. Notre maître tient à ce qu'on garde une certaine distance avec le tableau. C'est peut-être ça qui m'a gêné. J'ai eu un geste maladroit. De la peinture verte s'est étalée sur le pourpoint de Sforza, gâchant les fleurs de lys. Je suis fier d'avoir retenu mes larmes quand Pollaiolo m'a réprimandé. Il a eu ensuite des paroles amicales et m'a conseillé de trouver une autre voie.

En rangeant mes affaires, j'ai observé un compagnon ciselant le bronze d'une statue de la Vierge. Elle paraissait me regarder avec affection. Quelle délicatesse et quelle précision dans ce travail. Décidément, je ne suis pas fait pour ce métier.

14 février 1472

Premier jour sans atelier. J'ai trop honte de le dire à Père. C'est la Saint-Valentin aujourd'hui. Si j'allais rendre visite à Antonia ? Le curé l'a prise sous sa protection depuis le jour de Noël.

15 février 1472

Je n'ai pas osé l'inviter au bal des amoureux. J'ai trop peur de la réaction de ma famille. « Sans dot, une femme ne peut songer à se marier », a coutume de dire mon père. Comme mon cœur bat fort quand je la croise. Parfois, j'ai l'impression que je vais m'évanouir.

La sculpture

La sculpture florentine produit des chefs-d'œuvre. Elle voit la renaissance du bronze que le Moyen Âge avait délaissé et qui était si cher à l'Antiquité. Les artistes consacrent une profusion de bustes à la gloire de l'homme.

Lorenzo Ghiberti, connu pour la grâce et la douceur de son style, sculpte des scènes bibliques sur les portes de bronze du **baptistère de Florence**. Michel-Ange dira qu'elles sont dignes de s'ouvrir sur le paradis.

Cellini reprend le thème de **Persée,** fils de Zeus, qui combattit Méduse. Cette œuvre de bronze gigantesque est l'exemple du culte de l'héroïsme.

Une nouvelle orientation

3 mars 1472

La réaction de Père était étonnante : « Fils, je suis fier de toi ! Tu as complété ta formation et consolidé tes connaissances.

– Mon renvoi n'est pas un échec alors ?

– Loin de là, Lorenzo. Grâce à l'atelier, tu pourras enfin te spécialiser dans le métier que tu as toujours voulu faire. »

Mon cœur a bondi de joie. Père a rajouté qu'il voudrait que je devienne un homme vertueux, prudent et sage. Pour lui, les voyages achèveront ma formation. « Va voir le monde, fils. De grandes découvertes se préparent. Un certain Christophe Colomb serait, à ce qu'on dit, à la recherche d'un monde nouveau, jamais foulé par pied d'homme. Va au devant de nouvelles rencontres. C'est en te

mesurant aux autres et à leurs différences que tu deviendras un homme ! »

Il connaît un imprimeur parisien, de passage à Florence, qui serait prêt à m'apprendre le métier. À Paris ! Quel rêve !

4 mars 1472

J'ai revu Beneditto, le bibliothécaire. Quand il a écouté mon histoire, il m'a dit : « Tu as de la chance Lorenzo. Ton père est bien un homme de son temps. Il préfère mille fois que tu aies une éducation basée sur l'expérience et la vie réelle plutôt que de voir ton esprit étouffé par les livres pédants. »

10 mars 1472

Battista vient d'avoir un garçon : Stefano. Il braille tout le temps. Est-ce que j'étais comme lui au même âge ? Avec Père, j'ai été choisi comme compère* pour son baptême. La sœur de Piero sera la commère*.

Compère : parrain
Commère : marraine

Voyager à la Renaissance

Le voyage fait partie de la culture humaniste et il se généralise. Voyager forme les esprits autant sinon plus que les livres.

Le voyage à la Renaissance peut être missionnaire, diplomatique, d'exploration ou plus simplement privé. Les premiers guides de voyage font leur apparition.

La prise de Constantinople interdit le commerce des épices par le Moyen-Orient. Espagnols et Portugais vont à la découverte de nouvelles voies maritimes. En 1492, **Christophe Colomb** découvrira l'Amérique.

Pour les conquérants du Nouveau Monde, **les indigènes** sont des sauvages. Découvrant leurs richesses, ils sont pris par la fièvre de l'or. Échanges de cadeaux alternent avec affrontements armés.

À nous deux Paris !

21 avril 1472

Encore des préparatifs de départ ! Je me souviens de ce jour où j'étais si triste quand j'ai appris que j'allais intégrer l'atelier. Aujourd'hui, j'ai beaucoup changé. Découvrir le monde ne me fait plus peur. Pierre Lefevre va me former au métier d'imprimeur dans son atelier de la rue Saint-Jacques, à Paris. Je l'ai rencontré. On s'entend à merveille. Il m'a dit que je lui fais penser au fils qu'il n'a jamais eu. C'est gentil mais j'ai vu père froncer les sourcils en entendant cela.

22 avril 1472

Pauvre Luca, il était bien triste de me voir partir. Je l'ai consolé en lui faisant promettre de venir me visiter à Paris.

« Tu te souviens du mage à qui j'ai donné un florin ?

– Oui Lorenzo. Me diras-tu enfin sa prédiction ?

– Il m'a dit que j'allais réaliser mon rêve et qu'il me voyait les mains tachées d'encre ! »

4 mai 1472

Je suis sur la route depuis plusieurs jours. Je voyage avec mon nouveau maître. Nous serons bientôt aux abords de Tours.

5 mai 1472

Halte à l'auberge « Au hasard de la fourchette ». Le nom n'a rien d'engageant. Nous y avons pourtant bien mangé. On m'a servi pour quatre sous un potage de légumes, du pain et des montagnards*. Il y avait une bande d'étudiants étrangers discutant bruyamment, des Allemands, des Anglais, des Flamands. J'ai fait leur connaissance. Ils se rendent à l'Université de Paris, la plus prestigieuse d'Europe. Johann, le Flamand, m'a dit qu'un Florentin comme moi ne pouvait être que très

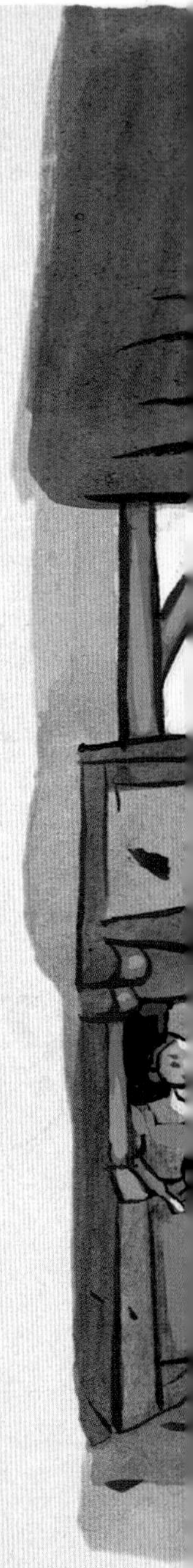

surpris en découvrant Paris. Que voulait-il dire par là ?

Montagnards : gros haricots rouges

La diffusion de la Renaissance

Les guerres d'Italie sont l'occasion pour les rois de France d'entrer en contact avec l'art de la Renaissance italienne.

Création de François Ier, **Chambord** est le plus vaste des châteaux de la Loire. D'inspiration italienne, il garde toutefois des aspects français comme le donjon et l'escalier à vis.

Les pays germaniques contribuent beaucoup à la Renaissance. Proche des milieux humanistes, **Dürer** a réalisé des gravures célèbres pour leur expressivité.

La Réforme avec **Luther**, qui est contre la représentation des œuvres religieuses, mettra un frein à cette expansion.

À Paris, au Soleil d'or !

11 mai 1472

Cher Père,

Je suis arrivé à Paris, rue Saint-Jacques, et loge dans une petite chambre que me loue mon maître au-dessus de l'atelier. L'imprimerie a pour enseigne Le Soleil d'or. C'est joli, n'est-ce pas ? Mon maître m'a confié que c'est en hommage au premier livre imprimé parisien. Il contient des vers glorifiant Paris comme un « Nouveau soleil ».

Moi, je suis un peu déçu parce que la ville n'est pas aussi belle que je l'avais imaginé. Les rues sont étroites et les maisons sont si hautes qu'on ne voit pas la lumière même en plein jour. Et puis Paris ne sent pas très bon. Les ruisseaux qui traversent les rues contiennent de tout : des poissons pourris et même des chats morts !

Je sais Père, ce n'est pas très important. Mon maître répète à longueur de journée un proverbe français qui m'amuse : « Au jugement dernier, tant vaudra crottes que deniers. » L'essentiel pour moi, c'est l'imprimerie. Je sens que je vais m'y plaire. Si tu savais comme j'ai hâte de fabriquer mon premier livre. Dès demain, je vais aider à la composition de la *Rhétorique* de Fichet.

C'est un humaniste d'ici. C'est moi qui vais assembler les caractères des premières pages. Tu te rends compte ? Je n'ai pas le droit de faire des fautes. Sinon, des centaines d'exemplaires seraient perdus ! Je me sens vraiment important.

Il paraît que Luca veut faire mon portrait à mon retour. Je lui écrirai. Vous me manquez fort. Florence aussi. C'est la plus belle ville du monde. Dans mon cœur, elle est l'unique nouveau soleil.

Comment le sait-on ?

Les artistes de la Renaissance, mais aussi les hommes de sciences ont, pour la plupart, joint des écrits à leur œuvres. Avec la révolution du livre et du papier, le texte imprimé se multiplie. Ces traces précieuses nous permettent de mieux comprendre le travail et les préoccupations des acteurs de cette époque. Comme de mieux imaginer l'histoire de Lorenzo.

Quand les œuvres parlent

Les œuvres, par leur sujet et leur style, sont riches d'enseignement sur leur époque. *La Flagellation du Christ* de Piero della Francesca, par exemple, nous montre au premier plan trois personnages mystérieux. Ils semblent personnifier l'Église d'Orient, l'Église d'Occident et la religion païenne. La Renaissance était soucieuse, en effet, de rapprocher les deux Églises et de réconcilier paganisme et christianisme. Les portraits, très en vogue dans l'Italie humaniste, nous disent long aussi sur es mœurs de l'époque. Quant à la peinture flamande, qui a exercé très tôt son attrait sur les Italiens, elle porte une attention passionnée aux scènes de la vie quotidienne.

Portrait du Duc d'Urbino, peinture de Raphaël

L'imagerie populaire

Le papier donne le coup d'envoi à la diffusion de gravures populaires. De véritables livres d'images font leur apparition. Leur caractère est encore surtout religieux : reproductions de la Passion, de Vierges, de la Trinité. Le texte, très court, est accompagné d'une profusion d'images.

Les écrits d'artistes

Conscients de vivre un âge d'or, une « vie nouvelle », une « floraison », les artistes de la Renaissance veulent léguer à la postérité leur témoignage. L'architecte Leon-Battista Alberti laisse un traité fameux de perspective, le *De Pictura*. Giorgio Vasari, dans *Les Vies*, est le premier à rédiger une histoire de l'art.

Les Époux Arnolfini, peinture de Jean Van Eyck

Florence, ville musée

Rome compte, au milieu du XVIe siècle, près d'une centaine de collections privées d'art antique. Florence n'est pas en reste puisque les riches mécènes, marchands, banquiers ou princes, font de leurs palais de véritables musées. Aujourd'hui, ce passé glorieux subsiste à chaque coin de rue. Il suffit de flâner à Florence pour sentir et comprendre la vision humaniste de la Renaissance. Ville-musée, elle glorifie à travers ses sculptures, ses peintures et ses voûtes bleutées, la Beauté et la Foi en l'homme.

Il raconte l'art des siècles qui l'ont précédé et met celui de Florence à l'apogée de l'art de tous les temps. Par ailleurs, un genre littéraire nouveau s'impose : l'autobiographie. Benvenuto Cellini écrira la sienne sans oublier de faire un éloge appuyé de sa personne. Il nous raconte avec force détails ses années d'apprentissage dans l'atelier de l'orfèvre Antonio di Sandro, la difficulté d'obéir aux ordres d'un maître et de respecter les délais d'achèvement d'une œuvre...

Peut-être que je peux allonger
notre vie,
Et mettre dans le marbre, – ou,
selon mon envie,
Sur la toile, – nos traits, nos
amours à jamais,

Pour qu'après nous, mille ans
après, on se rappelle
Et comme je t'aimais et comme
tu fus belle,
Et que je n'étais pas un fou,
quand je t'aimais !

Michel Ange

Spécialiste de la Renaissance, Karine Safa a consacré un ouvrage au philosophe florentin Pic de la Mirandole (Vrin, 2001). Elle se dédie aussi beaucoup à la littérature pour jeunes : mythologie, histoire, fiction...

Crédits photo
Couv. 1er plat Pigments © PatrickLéger/Gallimard. 7 *David*, sculpture de Michel-Ange © Rabatti-Domingie/AKG 9 Plume d'oie © JC Dewolf/Photononstop 15 Médaille pieuse, XVe siècle © G. Blot/RMN 19 *La Vierge et sainte Anne*, peinture de Léonard de Vinci ©RMN 23 Feuille de vigne © Archives Gallimard. 25 Florins © The art archive/Musée Bottacin/Dagli-Orti 28 Lys © photodisc 40 Éventail © René-Gabriel Ojeda/RMN 46 Lettres d'imprimerie © Coll. Roger-Viollet 53h Portes du Paradis, baptistère de Florence © Bridgeman-Giraudon 53b *Persée*, sculpture de Cellini © AKG 57 *L'hôtesse et le cuisinier*, gravure de Dürer © René-Gabriel Ojeda/RMN 60 *Portrait du duc d'Urbino*, peinture de Raphaël © Bridgeman-Giraudon 61 *Portrait des époux Arnolfini*, peinture de Van Eyck © Bridgeman-Giraudon 61 *Jeune fille agenouillée*, dessin de Michel Ange, XVe siècle. Musée du Louvre © T. Le Mage/RMN, Paris.

AU TEMPS DE LA RENAISSANCE

Édition
Jeanne Hély

Graphisme
Christine Régnier

Iconographie
Laure Bacchetta

Lecture-correction
Isabelle Haffen
Jocelyne Marziou

JOURNAL D'UN ENFANT

Direction éditoriale
Thomas Dartige

Direction artistique
Élisabeth Cohat